_____ 님께

_____ 드림

커피시인 윤보영의 캘리시집

높은 하늘 깊은 그리움

초판 1쇄 발행 2017년 08월 10일

지은이_ 윤보영
캘리그라퍼_ 정미라
감수_ 정순임
편집·제작_ (주)북모아
펴낸이_ (주)카드들 심재성
주소_ 서울 동작구 상도로 252 명승빌딩
전화_ 02)826-4868
팩스_ 0303-0691-4545
E-mail_ woodcard@naver.com
　　　　http://carddul.com

출판등록번호_ 제25100-2016-000023

ISBN 979-11-958270-4-6　(03810)

잘못된 책은 바꿔드리며 책값은 표지에 있습니다.
저자와의 협의하에 인지는 붙이지 않았습니다.

이 도서의 국립중앙도서관 출판예정도서목록(CIP)은
서지정보유통지원시스템 홈페이지(http://seoji.nl.go.kr)와
국가자료공동목록시스템(http://www.nl.go.kr/kolisnet)에서
이용하실 수 있습니다. (CIP제어번호: CIP2017015935)

높은 하늘 깊은 그리움

시 윤보영
캘리그라퍼 정미라

윤보영
尹普泳

- 대전일보 신춘문예(2009)동시당선
  한국동시문학회, 한국동요문화협회 회원으로 활동
  중학교 국어교과서 「어쩌면 좋지」 수록
  초등학교 음악교과서 「예쁜 둘레길」 동요 수록
  2015년도 영화관을 찾아온 시 4편 중 「웃음비」 등 3편 선정
  전국 감성시 쓰기 공식 특강 중

- **시집**
  「소금별 초록별」
  「사기막골 이야기」
  「내안의 그대가 그리운 날」
  「바람편에 보낸 안부」
  「그대가 있어 더 좋은 하루」
  「커피도 가끔은 사랑이 된다」
  「詩가 있는 마을」

- **캘리시집**
  「커피와 詩와 사랑 그리고...쓰다」
  「커피는 사랑으로 다가서는 핑계」
  「바람으로 왔다가 꽃으로 머무는 봄」
  「가슴에 내리는 비」 등 19권 발간

  신간-캘리시집
  「높은 하늘 깊은 그리움」

  윤보영 시인 팬카페 「바람편에 보낸안부」
  주소 : http://cafe.daum.net/YUNBOYOUNG
  제3회 윤보영 동시 전국 어린이 낭송대회 개최 주관
  E-mail : quttldls@hanmail.net

프롤로그

'시는 쓰는 것이 아니라 쓰여 지는 것이다!'
저는 늘 이 말을 먼저 생각하면서 시를 쓰고 있습니다.

그만큼 시에 대한 부담을 갖지 않는 뜻이며
이만큼 시로 행복을 얻고 있다는 의미입니다.

이 행복한 마음으로 봄과 여름 시집에 이어 캘리그라피 가을
시집 '높은 하늘 깊은 그리움'을 발간하게 되었습니다.

시집 속에 담긴 한 편 한 편이 시를 읽는 독자들 가슴에 담겨
시를 읽은 모든 분이 저만큼 행복했으면 좋겠습니다.

봄과 여름 시집을 사랑해 주신
모든 분께 다시 한 번 감사드립니다.

사람 사랑을 먼저 실천하는
책임운영기관 국립춘천병원 정원에서. 윤보영

차례

9월 마중 • 11

9월에는 사랑을 • 12

기다림으로 • 14

하나밖에 없는 사랑 • 15

일생에 한 번 피는 꽃 • 16

가을커피 • 17

비가 오는 날이면 • 18

커피 • 19

사랑에 젖고 싶다 • 20

차를 마시며 • 21

코스모스 커피 • 22

가을맞이 • 23

당신의 얼굴 • 24

국화와 장미 • 25

백로 • 26

가을과 사랑 • 27

존재의 이유 • 28

추분커피 • 29

추분을 넘어서며 • 30

달빛 편지 • 31

높은 하늘 깊은 그리움 • 32

추석 • 34

눈 • 35

속마음 • 36

숲길을 걷다가 • 37

10월에는 행복을 • 38

구두가 보기에는 • 39

개천절 • 40

가을 메시지 • 41

오늘은 • 42

국화꽃 이야기 • 43

생각의 별 • 44

풀 수도 끊을 수도 없는 • 45

한글날 • 46

높은 하늘 깊은 그리움

그대 생각 • 47

기차여행 • 48

하늘 연주 • 49

와인데이 • 50

착각 • 51

내 마음의 사과 • 52

나의 하루 • 53

사랑의 향기 • 54

지금처럼 • 55

가을커피2 • 56

편지 • 57

10월, 너를 보내며 • 58

글을 읽다가 • 60

그대가 오는 소리 • 61

상강 • 62

정 • 64

전화 • 65

11월의 선물 • 66

늘 잠겨 사는 마음 • 68

그리울 때는 • 69

사랑과 그리움 • 70

은행나무 숲 • 71

내 안의 그리움 • 72

입동 • 73

바람 • 74

남겨둔 마음 • 75

들꽃 같은 당신 • 76

가을 날 • 77

빼빼로데이 • 78

낙엽과 그리움 • 79

시험 치는
자녀를 위한 기도 • 80

그리움이 깊다 보면 • 81

꽃 • 82

높은 하늘 깊은 그리움

더요 • 83

빈 가슴 • 84

미안해요 • 85

빈 배처럼 • 86

추억 • 87

첫눈 • 88

소설 • 89

한길 • 90

비밀섬 • 91

커피와 내 생각 • 92

콩깍지 • 94

밑 빠진 독 • 95

걱정 • 96

얼굴 하나 • 97

눈사람과 포옹 • 98

도자기 • 99

너무 보고 싶어서 • 100

발걸음 • 101

높은 하늘
깊은 그리움

9월 마중

오늘은
일찌감치
9월 마중을 나섰습니다

함께 해온 8월을 데리고
9월이 오고 있는
행복의 언덕으로 가고 있습니다.

새로 맞을 9월!
넉넉한 10월만을 못할 수 있고
정열적인 8월에 뒤질 수도 있지만
그래도 9월은 중요한 달입니다.

남은 열정으로 자기 역할을 다하고
웃으면서 10월에게 자리를 내어 줄 수 있게
아름다운 시간으로 채우겠습니다.

9월을 마중 가는 오늘처럼
10월을 마중 가는 그 날도
9월과 웃으며 갈 수 있게
행복한 마음으로 보내겠습니다.

내가 나를 사랑하듯
9월에는 모두를 사랑하겠습니다
사랑합니다
사랑합니다.

9월에는 사랑을

차 한 잔을 들고
아쉽다며 뒤돌아서던 8월을 달래主는
9월입니다

그러고는 아픈 기억도 잊혀지고
또 더러는 힘든 여운로 남겼지만
좋아, 좋아하는 기쁨에 묻힌 8월

마무리 하고 보니
모두가
내 넉넉한 9월을 만들기 위한
과정이었습니다

이제 9월은
열매 맺을 생각에 미소 짓는
들꽃처럼
숱한 8월을 사랑으로 보냈을
어머니를 생각하며 보내렵니다

바람 부는 10월에도
넉넉함이 이어지게
내 안에도 내 밖에도
사랑으로 가득 채우겠습니다

기다림으로

폭염을 견디며
바위틈에 자라는
저 풀에게도
이슬 내리는 밤은 온다

기다리는 마음으로
기다림을 이겨 내는 힘
대지를 적실 비도 내린다

하나밖에 없는 사람

누군가를 몰래
들어오게 할 때
문을 살짝 열어두잖아
너를 기다리는
내 마음도
활짝 열어두었어
어차피 내 안에 들어올
너밖에 없고
볼 사람도
너밖에 없으니까

일생에 한 번 피는 꽃

일생에 한 번 피는
꽃이라 해도
나는 지금 꽃을 피우지 않겠네

그리워하다
그리워하다
그대도 그립다며 마음을 열면
꽃이 되어 가슴에 꽃피게 위해

가을커피

가을에는
커피를 마시자—

엉키기 쉬운 일상이
부드럽게 풀리게
커피를 마시자—

달달한 생각에
시원한 바람이 불게
커피를 마시자—

바쁜 일상이
여유롭게
커피를 마시자—

가을이니까—
가을에 어울리는
따뜻한 커피를 마시자—

비가 오는 날이면

비는
소리로 사람을 불러내지만
커피는
향으로 그리움을 불러냅니다

그래서 비가 오는 날이면
사람들은 창밖을 내다보고
나는 커피를 마시며
그리움에 젖습니다.

커피

커피에 설탕을
넣고
크림을
넣었는데
맛이 싱겁네요
아!
그대 생각을
빠뜨렸군요

사랑에 젖고 싶다

오늘같이 비가 내리는 날은
그대와 카페에 앉아
따뜻한 차 한 잔 마시고 싶다

찻잔 속에 서로를 담고
조금씩 아주 조금씩
서로를 스미면서
사랑에 젖고 싶다
늘 보고싶은 그대

차를 마시며

마음을 나누기 위해
그대는 차를 따르고

나는
그리움을 채우기 위해
차를 마신다

나누면 나눌수록
더 그립기만 한 그대여

코스모스 커피

커피를 마시다가
깜짝 놀랐습니다

들고 있는 잔 속에
코스모스가 피어 있는 걸 보고

자세히 꽃을 보니
그대 생각이 꽃으로 피었습니다

가을이라서
그대 생각 더 나는
코스모스 피는 가을이라서
그런가 봅니다

가을맞이

가을이
집 앞까지 왔다고요?

그렇구요
저는 여름 끝에서 데리고 와
함께 놀고 있는데

외로움이다
쓸쓸함이다 하는데
알고 보니
가을도 괜찮더라고요
베풀 수 있는 여유도 있고

당신의 얼굴

옷소매로 닦은 사과에
당신 얼굴이 보이네요
마음속에 있다가
아프도록 그리워하는
나를 보고
사과에 비쳐졌나 봅니다
사랑하는 그대

국화와 장미

국화가
향기로 그리움을 불러 내지만
절대 넘어갈 수 없습니다
내 안에는
항상 그대가
장미꽃으로 피어 있는 걸요

백로

풀잎에 맑은 이슬이 맺히는
백로입니다.

내 그리움이
백로 아침처럼
그대 생각이 맺혔습니다.

늘 그렇듯
그대 만날 날 기다리는
설렘이
날 이렇게 만들었습니다

그래서
더 행복합니다.

가을과 사랑

이제
　가을이라 해도
　　되겠네요
이렇게 시원한
　바람이
　　창문으로 들어
　　　오는 걸 보니

이제
　사랑이라 해도
　　되겠네요
그대 생각이
　내 안에 찾아
　　드는 걸 보니……

존재의 이유

바람은
처마 끝 풍경을 흔들어
존재를 알리고

그대 생각은
내 그리움을 깨워
곁에 있음을 알리고

초본 커피

오늘은 내가
공식적으로
커피 마시는 날!

오늘이 지나면
낮보다
밤이 더 길어지고
그리움도 따라 늘어나고

늘어난 그리움으로
가을 타지 않게
부드러운 커피를 마셔주는 날!

추분을 넘어서며

입추, 처서, 백로를 지나
오늘이
낮과 밤이 같아지는 추분!

나뭇잎을 보며
하늘을 보며
바람 부는 흔적을 보며
창밖 풍경을 보며

변화되는 일상을
보이는 대로 내 안에 담아
커피 마시면서
다시 꺼내 보는 재미!

이제
그 재미
즐길 일만 남았다

달빛 편지

창문으로 들어온 달빛이
 천장에다 편지를 펼쳤어

 첫 줄을 읽어보니
  내가 했던 너의 생각이야

  잊었다고 생각해왔는데
  우연히 들여다본 달빛에
 잊지 못한 내 마음이 달빛에 비쳐졌나 봐

높은 하늘 깊은 그리움

하늘은 높을수록 좋고
그리움은 깊을수록 좋고

그대 보고 싶은 생각은
많을수록 좋지요

사랑이니까요

이 면은 독자님과 함께 하기 위해 비워둔 공간입니다
캘리그라피나 자작시로 꾸며 선물하시면 더 의미있는 시집이 됩니다.

추석

추석이라
걱정되세요?

걱정 마세요
추석이니까

내가 먼저 행복해야
나눌 수 있잖아요

그러니까
우리 그냥
행복하게 보내요.

눈

그대와 함께 걷다가
눈을 드니
그대는 간데없고
하늘 한 자락만 남았다가
얘기를 합니다.

내 눈에
나무 같은 그리움이 있고
생각이
바람에 나풀거리는군요.

속마음

"사랑받으니까 좋지?"
하늘에게 말했습니다

"행복하지?"
대답 대신 하늘이 울었습니다

"응!"
하고 대답했습니다

하늘을
그대라고 생각한 걸 아는지
모르는지
하늘이 환하게 웃었습니다

숲길을 걷다가

낙엽 밟고 걷다가
발걸음 소리에 돌아봤다

네 생각, 내 생각
손잡고 따라오다
아닌 척 손 놓고
시치미 뗀다

생각이 귀엽다
생각이 고맙다

10월에는 행복을

10월입니다
갑자기 기온이 내려갔습니다.

기온이 내려간 만큼
사람들 옷은 두꺼워지고
두꺼워진 옷 만큼,
마음은
오히려 더 허전해질 수 있습니다.

그런 사람을 위해
제가 마음을 먼저 데우겠습니다.

데운 마음으로
내 10월을,
나보다 남을 생각하는 시간으로
데워질 수 있도록 노력하겠습니다.

채워진 마음만큼 더 따뜻해진 10월을
11월에게 건네주고 싶습니다.

행복합니다.

구두가 보기에는

두 발로 걷는
　　구두 굽 소리가
외롭게 들리듯
그대 닮고 걷는 나도
　외롭게 보일 거야.

구두가 보기에는.

개천절

오늘은 개천절!
그렇다고 특별히 달라진 게 없다.

아침 일찍 일어나 태극기 달고
개천절의 의미를 생각하고
예정된 여행지로 떠나다가
고속도로 휴게소에서
예전처럼 커피 한 잔 마시고 있는 것!

어제도 그랬었고
그제도 그랬듯
커피 마시면서 그대 생각하는 것!

달라진 게 없어도
마음에 태극기를 펄럭이며 달리는
기분 좋은 개천절!

가을 메시지

외로움이 싫어
아직 가을이 아니라고 했더니
찬 바람에
단풍잎까지 내밀면서
가을이라고 설명하는 하늘!

알면서도
아니라 말한 내가 잘못일까
알면서도
관심 받으려고 애쓰는
하늘이 잘못일까

오늘은

오늘은
왠지
좋은 하루가 될 것 같은 예감!

쑥스럽긴 해도
네 생각부터
먼저 났거든.

국화꽃 이야기

그리움을 간직한
사람들 수만큼
꽃을 피운다는
국화꽃 이야기를 듣고 난 뒤
가을이 되면
국화가 왜 그렇게
많이 피는지
그 이유를 알았습니다.

생각의 별

촛불은
어둠을 태워
빛을 만들고

그대 생각은
그리움을 태워
별을 만든다

생각할수록
더 반짝이는 별을

풀 수도
끊을 수도 없는

그대 생각하는 내 마음이
잡아당기면 늘어나는
고무줄 같았으면 좋겠어

아니야
고무줄은 끊어질 수 있잖아
고무줄보다 더 질긴
인연이었으면 해

풀 수도
끊을 수도 없게

한글날

오늘은
한글날!

한글에게
무슨 말을 해줄까?

고민하고
　또 고민하고

그러다
툭 나온 말
"고맙다!"

그대 생각

여러 가지 추억을 다 간직한채
돌담 하나 앞에 두고
내기를 합니다
 그대 생각이 더 많나
내 생각이 더 많나

기차여행

텅 빈 기차를 타고
들판을 달릴 때
그대가 없어서 아쉬웠습니다

달리던 기차가
터널을 지나
내 마음속으로 들어설 때는
눈물이 났습니다

그대가 보고 싶어서

하늘연주

하늘에
오선지를 그려놓고
그대 좋아하는 노래를 적었다

가슴은 기타를 치고
생각은 건반을 두드리고

와인데이
10월 14일

그대 생각하며
와인을 마시네.

내 마음이 먼저 알고
그대 생각 모아 모아
가슴에 하트를 만들어주네.

바라만 봐도 좋은 사람
그대 였을이였네.

착각

잔디를 보면
녹색 옷을 입고 있던
그대가 생각나고

단풍을 보면
붉은 옷을 입고 있던
그대가 보고 싶고

하지만 못 견디게 괴로운 것은
미소 짓는 그대가
늘 내 곁에 있는 것 같아서

내 마음의 사과

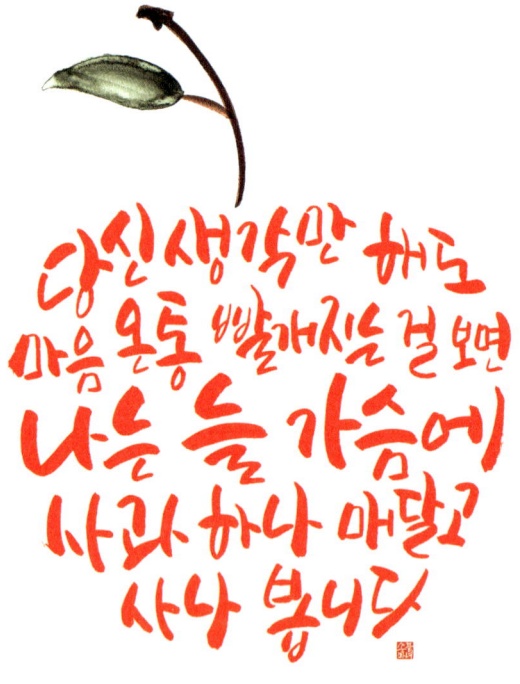

당신생각만 해도
마음 온통 빨개지는 걸 보면
나는 늘 가슴에
사과 하나 매달고
사나 봅니다

나의 하루

화초에 물을 주듯
아침부터 그대 생각으로
내 안을 적십니다

물안개 피어난 아침의 강처럼
촉촉한 하루가 열립니다

꽃을 피우고 싶은 내 마음에
하루의 시작이
그리움으로 찾아듭니다

사랑의 향기

너의 마음이
내 가슴에 닿았을 때
아무 말도 못 했어
너의 향기에 취했거든
이게 사랑인가 봐
늘 보고 싶은......

지금처럼

차 한잔을 마셔도
문득 먼저
생각나는 사람이
당신이었으면
좋겠다
지금처럼
그리고 늘

가을커피

가을 아침이다
스카프 두르듯
따뜻한 그대 생각
그대에게 위한
커피 한 잔 준비해야겠다

가을이
더 가을답게
부드럽게 바서어졌다
가을비 추적추적 내리는
만추의 가을 오늘은
더 많이 쓸쓸합니다

편지

산마루에 올라서니
어울던 바람이 떠나려고 합니다
서둘러
그대에게 보낼
편지 한 통 적었습니다
산에서도 그대를 그리워한다고

10월, 너를 보내며

가려거든
10월이 기어이 가겠다면 보내자
뒤로 돌아보지도 않도록
기분 좋게 보내주자.

나뭇잎 하나를 떼어내면서도
가슴 가득 그리움만 담아 대더니
주섬주섬 주워들고 길 나서는 10월!

세월에서
한 달을 놓아 준다는 것은.
가는 것이 아니라
간만큼 다시 가까워졌다는 뜻이다.

그래도 10월이
아름다운 그리움을 남기지 않았던가.

남겨진 그리움으로
다시 돌아올 10월까지.
사랑하며 살자

우리
우리 꼭 그렇게 살자.

글을 읽다가

글 한 줄 가지고
몇 번을 읽어도
무슨 내용인지
알 수 없었습니다
이상하다 싶어 내 마음을 보니
엉뚱하게
그대 생각하고 있었군요

그대가 오는 소리

내 가슴에 저를 다 보아요
그대 오는 소리 들려요
꽃 피듯 다가와
그리움으로 피는 그대

상강

상강이다
서리가 내리고
첫얼음 얼리는 상강!

그래도 걱정 없다
오늘도 어제처럼
그대 생각하며
따뜻한 미소 지을 테니까

이 면은 독자님과 함께 하기 위해 비워둔 공간입니다
캘리그라피나 자작시로 꾸며 선물하시면 더 의미있는 시집이 됩니다.

정

처음 만나
편한 모습에 마음이 갔지만
이제는 보고 싶은 사람이 되었군요

소리 없이 다가와
오래 머무는 정
이제 사랑의 시작인가 봅니다.

전화

전화를 하고 있는데도
그대가 보고 싶죠
전화를 끊고
그리움을 접었는데도
왠지 더 보고 싶은 그대
이게 사랑인가 봅니다

11월의 선물

사람과 사람 사이에
정이 흐르는 11월입니다

가을이
 봄과 여름을 데리고
우리곁을 지나가고 있다고
겨울을 데리고
12월이 가까이 와 있다고.

올해도 끝
가지 끝에 남아있다
떨어진 나뭇잎처럼
의미 없이 지나가게 될 11월!

홀로선 나무줄기에는
이미 봄이 오고 있고
씨앗을 품고 있는 대지도
　　새싹 틔울 꿈에 젖어 있듯.

　　그대와 나
　　그리고
　　우리 안에도
따뜻한 바람이 불고 있습니다

이제 차 한 잔에도
따뜻함을 느낄 수 있는 시간으로 채워
　11월 마지막 날에
　내가 나에게 선물하겠습니다.

그리고 행복을 선물 받겠습니다

늘 잠겨 사는 마음

비를 내리련 구름이
그리움을 줄 테니 마음을 펴보라네

때로는
하느님도 모르는 게 있나 보네

그립다 못해
황홀한 그대 생각에
나올 수도 없고 들어갈 수도 없어
늘 잠겨 사는 게 내 마음인데

그리울 때는

그리울 때는
창밖 하늘에
그대 얼굴 하나

그리울 때는
내 마음에
그대 얼굴 하나

그리울 때는
지금처럼
들고 있는 커피에도
그대 얼굴 하나

사랑과 그리움

사랑은
보고 싶다고 말을 해서 확인해야 하고

그리움은
말없이 참고 지새며 속으로 삼켜야 하고

수많은 세월이 흘렀어도
늘 보고 싶은 그대는
일상 속에 묻고 사는 내 그리움입니다

은행나무 숲

곱게 물든
은행나무 잎을 본대가
그리움만 줍고 왔습니다

사랑도 지나치면
병이 된다지만

솔직히 고백하면
오늘 나도 그 병에
걸리고 싶더군요

내 안의 그리움

나무가 맑으면 푸르게 보이고
생각이 맑아도 푸르게 보인다는데
늘 담고 사는 내 안의 그리움은
무슨 빛일까?

입동

시간은
나뭇잎 한잎 두잎 떼어내며
겨울로 들어서고

내 사랑은
그리움을 녹아가며
그대 곁에 다가고

바람

달님을
구름이 가리기 전에 보냈던
부지런히 달려온 바람처럼
내 안의 그대를 볼 수만 있다면

뒤에가는 것이 아니라
차를 몰고 갈 텐데

남겨둔 마음

그대 곁을 떠난다 해도
마음은 남겨두겠다 했지요
한 세월이 지나도
그대가 늘 그리운 걸 보면
그대 곁에 남겨둔 내 마음은
변함없나 봅니다

들꽃 같은 당신

아무리 아니라고 우겨대도
저는 알고 있습니다
그대에게
들꽃 같은
마음이 있다는 것을

가을날

바람이 불고
낙엽이 날고

그립다
날 행복해 했던 사람!

나는 오늘
커피 속에 담긴
그대가 그립습니다

빼빼로 데이

사람들이야
날씬해지라는 뜻에서
빼빼로를 선물하지만
나는
네 생각 속에 들어가기 쉽게
빼빼로가 되고 싶어

초콜릿보다 더 달콤한

낙엽과 그리움

낙엽을 쓸다 돌아보니
더 많은 낙엽이 떨어져 있다

이래서
가을은 쓸쓸한가 보다

떨어진 낙엽은 그대 생각이고
쓸고 있는 마음은 그리움이고.

시험 치는 자녀를 위한 기도

오늘만큼은
긴장을 내려놓고
그저, 지금까지 준비했던 것처럼
편한 마음으로 답을 적게 해주세요.

하나 더 바람이 있다면
정답을 선택할 때
제 기도가 보탬이 되게 해주세요.

시험을 마치고 나올 때
최선을 다했다면
미소 지을 힘을 주시고

애썼다고 등을 두드려 줄 수 있게
저에게도 따뜻한 사랑을 주세요.

결과 앞에서
우리가 함께 웃을 수 있는
행복을 주세요.

그리움이 깊다 보면

가끔
아주 가끔
이런 생각을 해본다네

화분에 물을 자주 주면
뿌리가 썩는 것처럼
너무 많은 그대 생각에
혹 내 그리움도
뿌리내리지 못하는 것은 아닐까 하는

하지만 이런 잘못된 생각일 거야
그리움이 깊다 보면
바위에도 뿌리내리는 게 사랑이거든

꽃

봄에는
새싹 돋는 들판이
꽃이네.

여름에는
산도 꽃이었습니다

가을에는
은행나무 길도 꽃이고
지금처럼 초겨울에는
첫눈도 꽃입니다

그대 생각 가득한
내 안에는
일 년 내내 꽃이 핍니다

하늘이 높지요
예! 좋아요

바다가 깊지요
예! 깊어요

그럼
날 좋아한다는
그대 마음은요?

그보다 더요!
훨씬 더요!

빈가슴

햇빛 받은 나무들이
미소 짓고 서 있는데
너를 보낸 내 가슴엔
반달만이 떠 있구나
떠난 너보다
보낸 내가 더 마음 아픈

미안해요

몰랐어요
내가 마시는 커피에
꽃이 피었다는 것

정말 몰랐어요
그 꽃이
당신이라는 것!

하지만
다행입니다
이제라도 알았으니

빈 배처럼

내 생각 속에
타고 내리는 사람은
오직 그대밖에 없기에
오늘도
그대 앞에 기다립니다
사람들이 알면
빈 배라고 놀리겠지만

추억

추억을 왜
　　추억이라 했을까
그대 그리워하며 지내고 보니
　늘 간직할 수 없다 해서
　　추억이라고 했나 봅니다

　　하지만 또 다른 추억은
　　가질 수 없습니다
그대는 내 추억의 전부니까요

첫눈

첫눈이 내립니다
얼른
눈부터 감았습니다
내 안의 그대 불러
함께 저 눈을 보고 싶어서

소설

오늘이
첫눈이 내린다는 소설입니다
그런데 정말
첫눈이 내렸습니다

창밖에는
보내는 가을이 아쉬워
가을비가 내리지만
눈을 기다리는 제 마음에는
함박눈이 내립니다

첫눈이 내리면
그대 생각 먼저 하겠다는 약속
지켰습니다

참 많이 보고 싶습니다

한 길

보고 싶어서
너무 보고 싶어서

마음 가는 대로
기분 내키는 대로
생각나는 대로
스침이 잡아끄는 대로
내 버려두고
가다 보니 결국
너에게 와 있다.

비밀섬

내 가슴에
섬 하나 있다

우연히 그대 생각하다
내가 바다인 걸 알았다

그대는
바다에 속인 섬

아무도 모르는 섬이라서
　나만 찾아갈 수 있는 섬
그래서 더 좋은 섬

커피와 내 생각

그대 마시는 커피에
내 생각을 넣어주면
쓸까? 달까?

쓰면
부담을 덜어내고
달면
내 생각을 넣어주고.

이 면은 독자님과 함께 하기 위해 비워둔 공간입니다
캘리그라피나 자작시로 꾸며 선물하시면 더 의미있는 시집이 됩니다.

콩깍지

콩깍지가 씌면
보이는 게 없다고 했지요
그대 생각 가득한 나는
콩깍지가 아니라
콩밭입니다

밑빠진 독

그대 생각
담아도
담아도
끝이 없는 걸 보니

내 그리움은
언제나
밑 빠진 독인가 봅니다

연정

그대가 부르는 노래를 듣다가
그대 가슴속에 들어왔지
노래는 듣지 않고
'사랑해'
마음을 적어놓고 나왔지
지금쯤
그대가 읽었을 텐데
뭐라고 할까.

얼굴 하나

텅 빈 하늘에
네 얼굴 하나
더 떴다

고맙다
커피 한잔
마셔야겠다

눈사람과 포옹

녹아도 좋아!
 우리 포옹할까?
눈사람이 그렇게 말을 했대

 하지만 실아
 너는 이미 내 안에
 조각되어 있거든.

도자기

깨진 사기를 앞에 두고
호기심을 가진다

어르고 달래다
소금물에 씻기고
끓는 물에 다시 넣고

말똥 말똥 빠져드는
미궁 속

버려라
버려라
네 속에 내가 있듯
내 속에도 네가 있는 법

모두를 버리라며
축축한 목소리가 귓전을
스친다

너무 보고 싶어서

손바닥에
그대 이름을 씁니다
보고 또 보고
그대 모습이 조각됩니다

눈을 뜨면 밖에서 보이고
눈을 감으면 안으로 보이고

발걸음

오랫동안 걷고 나면
현기증이 나지만
내 안의 그대 찾아가는
길은
걸어도 걸어도
발걸음만 가볍군요
날마다 걷고 있는 길

높은 하늘 깊은 그리움

누구에게나
가을은 다가옵니다.

단풍, 바람, 사랑, 커피향기
그리움이 시가 되어 글씨가 되어
당신의 마음속에 가을처럼
스며들었으면 좋겠습니다.

감성시와 함께
캘리로 가을을 담아 드립니다.

- **캘리그라퍼 정미라** (필명:손끝마녀)
  묵묵히 캘리그라피 소속 작가

- **2016년**
  윤보영 커피시 감성캘리그라피 공모전 금상 외
  다수 수상

- **2017년**
  국민과 함께하는 아름다운선거 캘리그라피 공모전 대상
  대한민국 백상서화대전 금상
  제20회 대한민국소품문인화대전 특선
  제36회 대한민국미술대전 입선

- E-mail_ jung231486@naver.com
  blog_ http://jung231486.blog.me/

높은 하늘
깊은 그리움